César Hernández Delgado

El vasto umbral que nos habita

Editorial Giraluna

Primera edición: 2020 (Libro Digital)

Edición al cuidado de:
Rey D' Linares
reydlinares69@hotmail.com

Diseño de la portada:
Carolina Linares
artesgraficas20042009@gmail.com

Publicado en Venezuela por:
Editorial Giraluna R.L.
J-29614384-6
editorialgiraluna2008@gmail.com
Teléfono: (+58) 0212-524.25.33

Depósito Legal: DC2020001055
ISBN: 978-980-7257-83-1

"Entre el incesante ruido y un ocupar de formas consigue el poeta
su victoria frente a una de las mayores contiendas del hombre:
descubrirse y enfrentarse a su verdad
y la verdad del mundo en silencio"

César H. Delgado

SERÁ EL AMOR

Será ese otro timón el amor
que nos una a la mar,
intentar vano, preguntar
si de esta
o aquella ola
ha de surgir de pronto
y fijar hasta el borde
su extremidad;
ignorar de un arribo marítimo
que del fondo viene, en realidad,
de la íntima quietud de los corales,
y no de este lugar
donde siempre se le aguarda
tan desierto y solitario.

REFUGIO

He de apreciar el amor
entre un bosque
denso
y virginal

allí todo agostamiento
es un regreso
a la vida

así
ya no habría de ser
un adversario
el tiempo

PARA VENIR AL ALMA

Para venir al alma
debe el amor
atravesar la dermis,
porque además
emerge de lo efímero,
intemporal

Ha de ser
su llegada inadvertida,
casi imperceptible,
incluso sucumbir en lo perpetuo,
fugazmente, al fondo del silencio,
en el momento justo
en que su estancia
penetra la intimidad
de los mares

Desconocer de aciertos,
de temperies
y tempo,
apuntando al viento
sin cesar su arrojo,
aun sobrevenir su pernoctar
a la luz del día
con la excusa del ensueño…
y aún así - se dice -
en el amor muchas veces
extingue repentino
la llama
devoradora,
desmesurada,
y se oculta con la noche.

LOA AL AMANTE

Admiro tal a quien amando tanto
de su alma suelta y en la boca apresa,
en la justa medida, todo cuanto
la razón mezquina y el pecho besa.

Venero de rodillas, como al Santo,
a quien suspira su aliento y no expresa
con blandas palabras o artero llanto
la pericia que la vista confiesa.

Estimo al amante que no enamora
-¿Cuánta estimación obra? No sabría-
quien en soledades se toca el pecho

y con mano herida la rosa aflora,
quien troca su lisonja en melodía
con erguidas alas y pie maltrecho.

LOA AL AMADO

Quien complacido del amor no espera
lo que el pecho ofrece y el juicio clama,
entre tanto la cortesía llama
y la apetencia su furia libera.

Quien distante percibe en la ribera
la cadencia no vista en pentagrama,
ni ilumina sus noches con la flama
que provoca refulgencia ligera.

Ese que en su sombra el afán escruta,
sin olvidar la sombra que lo acecha,
quien sagaz transita por escarpado

y asimismo transita por derecha,
quien ante descuidos su amor no inmuta,
ese, ese es quien merece ser amado.

DULCE SUFRIMIENTO

Cuánto he creído,
cuánto he dudado,
cuánto en el olvido,
mi bien, te he mirado,
que el alma es un suspiro
rendido entre ficciones,
un afán, un pensamiento,
que dentro arden mientras sigo
los escollos de mis emociones...
Si del sufrir nace lo que miro
y siento, ya con el pecho herido digo,
"es esta vida un dulce sufrimiento".

MI OTRA FORMA

A Arturo Graffe Armas, al poeta

Hoy no quisiera humedecer tu aroma,
hoy no quisiera susurrar tu oído,
tampoco ser el ave que se asoma
por el raro agujero de tu nido.

Hoy, sintiendo cómo el aire me toma
y me sube a la piedad del descuido,
soy las alas de tu blanca paloma
acallando el afán de tu gemido.

Date la vuelta, dulce bien, descansa,
concédeme esta noche soñadora
y suelta este corazón placentero

que no deja de ensoñar mientras llora,
o complácete silenciosa y mansa
en mi otra forma de decir te quiero.

POR TUS OJOS

Tu efímera expresión era testigo
del destello que arrojaban mis ojos,
cuando ávido de pan, sobre despojos,
empuñaba entre mis manos el trigo.

De aquellos vistazos me hice mendigo,
refugiado a tus reparos y enojos,
pues incluso tu efigie en mis antojos
columbró en el desamparo el abrigo.

Quizá nunca sostenga entre mi pecho
las trémulas manos que me reclaman
y la orla dentellada de mis labios

no será más que indicios que te llaman,
mas ya es placer de este amor satisfecho
reflejarme al trasluz de tus resabios.

TU FORMA

Tu espuma va quedando entre los dedos
y luego, sin notar, desaparece,
y tu piedra en el fondo se estremece,
contemplada a través de tus enredos.

Tus membranas de corcel son mis credos
ante esta absurda mano que las mece,
intentando sumergir cuando crece
la cañada profusa de mis miedos.

Tu forma arrolladora y engañosa,
es la que me distrae y me aproxima
a la orilla, cual molde que se adosa
al viento que al pasar deja su esencia,
cual respiro que al rejado se arrima
para tomar de toda flor su gracia.

ENTREGA

Me entregaste tu placer, tu belleza,
y entre aquello encontré, al fondo, dolor.
No importó a mi bien que tu mustia flor
en vil mano perdiera su presteza.

Te di mi oculto pecho, mi terneza,
mi suspiro te entregué, mi fervor.
No importó a tu bien mi apacible ardor,
amparado bajo viento y corteza.

Renuncias a la ilusión, al ensueño,
renuncias sin titubeo al arcano,
es causa tal que avance sin que remes

sobre el vaivén de tu caudal empeño...
El amor es caricia, no la mano,
y brizna será hierba, aunque no la quemes...

EN ELLO

En la esencia de un aliento constante,
en el humor que fluye en la figura,
trayendo consigo excelsa verdura
y el asomar de una flor fulgurante.

En la cima vital, exuberante,
en la luz que descansa en la espesura,
en aquella reposada llanura
por donde surca toda nube errante...

En ello y otras tantas perfecciones
recojo la quietud de tu respiro,
la aridez de tu néctar de doncella

consumiendo tu piel dorada y bella;
mora fresca en mis lúcidas nociones
la hierba de tus ojos que ya no miro.

EN MÍ ESTÁS

Con esta ilusión y melancolía,
estoy frente al amor que te prodigo,
pues la ternura que llevo conmigo
fluye en los trazos de mi poesía.

Cada musa enciende la fantasía
y forma cada verso que te digo.
Aunque no te tenga cerca, te sigo,
al compás de la emoción, vida mía.

Y si es al compás de las emociones
que mi corazón te aviva en su seno,
no creas que te pienso en ocasiones

o que este amor con mi trova condeno,
más bien alejo de turbias acciones
este sentimiento inmolado y pleno.

ESTOY, PERO NO EXISTO

Despuntar en mi agónica añoranza,
ligero andar de un tiempo detenido,
lúbrica brecha sediento de lo ido
que mi suerte sigue, pero no alcanza.

En el pérfido filo de una lanza
quedóse la sangre de lo vivido,
a gotas fluye hacia el eterno olvido,
sucumbiendo así mi ignota esperanza.

¡Ah, luna, confidente de mi pena,
desde tu cumbre mi destino has visto?,
pues el transcurrir con su afán lo ignora,

y mi corazón deshecho en la arena
ya no sostiene más esta demora
al sentirme que estoy, pero no existo.

EN UN BESO

Me refugié en la tentación de un beso
que llevó a mi mano tu boca viajera,
y solo un beso empuñado, solo eso,
quedó mientras te imaginé prisionera.

Me dijiste, "aguarda, vendré a buscarte",
y yo cautivo, tras el beso, te creí,
mas ha muerto la esperanza de amarte...
Abriendo la mano te veré partir...

Hoy, pensando en tu olvido, te aborrezco,
y aún no sé si es mi mano quien provoca
esta ilusión de sentir que apetezco
el beso que nunca pondrás en mi boca.

MÍA, MUJER

Te vi. Ahí estabas,
traslúcida y mía,
de mi amor brotabas
con las melodías

Mas no te alcanzaban
(pobre juicio mío)
mis ojos endrinos
ni esta boca inmunda
de blasfemia y vinos,
ni entre barahúnda
te atraía mi oído.

Y cerré mis ojos,
y cerré mi boca,
despojaba antojos
que tu paz provoca;
recogí un aliento
del aura fugaz
que a mi sentimiento
brindaba solaz.

Sobraron los besos,
sobraron las manos,
sobraron excesos
que infunden lo vano.

Y fue en ese instante
que te tuve aquí.
Mía, mía, mía,
fuiste para mí.

Ah, mujer de espuma,
de nube, de bruma;

Ah, mujer sin dueño,
de calma, de ensueño,
seré tuyo, amante,
y te daré instantes
de perpetuidad.

INCERTIDUMBRE

Al profesor Juan Ramírez Blanco

¿Es amarla o no este miedo?,
si su mirada me abruma,
si de su maña dependo
como de la ola la espuma.

¿Es amarla o no esta espera?,
si hasta domina mi sueño.
Tener su cuerpo quisiera
sin acuerdo, sin empeño...

Si cada desprecio suyo
hace mi vida nublada,
¿por qué es fulgor de un cocuyo
en una noche cerrada?

Me pasma su imagen pura,
su desatino me frena...
¡Para qué tanta cordura
si su capricho me quema!

En el humor de los ojos
corre el fruto de su alcance.
Pienso en flores, siento abrojos
en el huerto de su lance.

Su rechazo me confina
al incierto de las cosas...
¿Por qué siento cada espina
cuando estoy frente a sus rosas?

Si en su ser está el vivir
y en su distancia el temor,

¿cómo es que puedo sentir
odio y a la vez amor?

Fundir su temprano paso
en mi plenitud quisiera,
poder ser aun en mi ocaso
bastón de su edad postrera.

EPITAFIO

A ti, María Rosa, al dolor de tu adiós aún latente

Hace frío.
Una llovizna me lleva al amparo,
un canto de aves rozando el oído
y el anhelo de tenerla a mi lado.

Y, frente a la distancia,
la ternura que por ella siento
refulge en el silencio,
cual luz primera
que del horizonte emana,
sujetando lo que hiere y calla.

Está en el eco, en el suspiro,
en el afán taciturno y sosegado;
en el abismo de cuanto vivo,
en la cumbre de cuanto amo.

En las horas que a destiempo transcurren,
mis sumidos ojos su lejanía recogen.
Fue inútil no amarla, cuando la tuve,
viendo hoy sobre un epitafio su nombre.

SIGO AMANDO

Tal fue el intento que me llevó al abismo,
mis goces entre sollozos fueron tales,
que hoy mis ojos son vestigios de ti mismo
y eres tú mismo respuesta de mis males.

Y cuán lejano y bello ante mí te asomas,
abriendo pétalos en mi ensoñación,
y derramando al viento aquellos aromas
que caen al pecho al llegar la ilusión.

Esta verdad me anuncia que ya no existe
la duda de no saber cómo ni cuándo…
y ante el afán de sentir que no te fuiste,
los ojos de mi alma elevo, y sigo amando.

NOCTURNAL

I

Volé hasta ti.
¿Cómo no hacerlo,
si era tu velo
quien me mostraba
sin pretenderlo
la luz del cielo?

II

Llegué hasta ti
en el descanso.
Te columbrabas
en una estrella,
pero en el manso
brillo no estabas.

III

Anduve en ti,
pero ya el cielo
sobre mí está.
Todas las ansias
yacen en duelo
porque no estás…

IV

No sé de ti,
luego de aquella
vana ilusión.
Ah, luna, dime
si es una estrella
mi corazón.

SOMBRA

Me fui tras de ti, sin razón alguna,
me llevaba la sombra del recelo,
y aquella luz agotada de luna
me acompañaba en medio del desvelo.

Con férreos lazos entre mi mano
sujetaba en mi pecho el descontento,
cuando impaciente te acechaba en vano
bajo la sombra de aquel sentimiento.

Y fue esa luz de luna quien me dijo
-con el sosiego que le deja el día-
que la sombra que tanto perseguía
al rostro puro de mi bien maldijo.

"Contento quien consigue vivir a plenitud la poesía,
pues además consigue vivir su propia creencia
– quien se adentra profundo a ella, eso sí,
quien se deja arrastrar a su orilla marítima –
porque la poesía es devoción en sí misma,
así como el poema es ese verbo
que vierte la voz acallada en el interior,
eso que concede elevar al ser por instantes al espíritu"

César H. Delgado

MIS NOCHES

Verbo mío,
cuánto silencio aquí dentro,
cuánto relente fuera,
cuántas noches perfiladas
por manos empuñadas
sobre rieles que conducen
los latidos del tiempo,
cuánta pena y cuánta risa
entre molduras frágiles
y traslúcidas, cuánto eco
sobrevolando el viento
tras el paso por la vida.

DISERTACIÓN

Otra vez disertan los Dioses
sobre lo humano,
desde su cumbre volátil.

En sus palabras
pesa la levedad de las noches
y el fragor del silencio.

Justo ahora oigo sus voces,
su añejo y austero dialogar,
a la sombra de un viejo apamate,
y logro percibir la severidad
con que nos juzgan, pues he sabido
convenir con el silencio,
y créanme -desde mi particular
manera de ver el mundo -
comulgo en sus desapruebos,
cuando dictan que el humano
no escruta en las piedras
su tiempo,
ni divisa la dirección del camino
en el azul de la tierra.

CONVIVIR

Cuando aprendamos a convivir
con los bosques,
habremos renunciado a sus márgenes
y adentrado
a lo profundo de su vientre pleno,
a la sombra de un árbol
prominente y sabio;
un distinguir de luz, fugaz e iridiscente,
mientras el descender
lumínico de las albas
acompasado se halle
a la luz de nuestros ojos.

Sabremos entonces
del tiempo confluido
en los rincones,
del urdir a la estación nubosa,
de sombras extraviadas
en sus infames claros

Que la respuesta a la visión habita
más allá de las formas, antepuestas
a la infinitud del vacío,
a la humedad virgínea,
al humor vegetal
emanado de las noches,
a voces perdidas
entre la espesa voz
de nuestras almas.

MÁS ALLÁ

Cuánto habitar
más allá del arcoíris,
más allá de su estación fugaz
que surge con el resbalar del rocío
cuando huye de las nubes,
cuánto de su matiz
reluciente en lo límpido

Cuánto más allá de su tacto
con la tierra y con el éter;
de su forma transparente, soberana,
de su aspecto, incluso,
parcial en la mirada

¿Y qué decir si en cada asomar
es el mismo, o dos, o miles?

Tal vez de ello resulte su encanto:
su levedad celeste,
su intempestiva llegada
a la espera del chubasco; tal vez
su despuntar a nuestro olvido,
su corto abrigar bajo el silencio.

DE PEQUEÑO

De pequeño nada había,
más que una llana
y desocupada vida,
no había en ello agobio
frente al fulgor de los días,
ni duda a la opacidad de las noches,
tampoco ansias ante la impalpable
naturaleza
que sobre estos ojos
ha conmovido la mía;
no existían irrealidades
que me hicieran esquivar
los escollos de la existencia misma,
no existían silencios provocados
ante el fragor de los tiempos...

Tal vez solo indiferente
oía del hombre
sus blandas palabras
y sentía sus efímeros mimos
en tan parco o vasto entorno.

Ahora, contra lo opuesto de aquello,
lucha en el presente
ese pequeño
que nada tuvo.

PERMANENCIA

Alejarse por instantes de lo próximo,
de cuanto impide librarnos
de la podredumbre vívida

y elevar la mirada
más allá de toda sombra residente,
más allá, incluso, de lo efímero,
en el vasto umbral que nos habita.

INTEMPERIE

Si tan solo un suspiro
emergiera
de esta helada noche

-de la yerma rama
el silencio
se sostiene
sin musitar-

entonces la primavera
cercana
aguardara conmigo.

EXISTENCIA

Somos esta corriente que fluye indetenible,
bajo reflejo de cuerpos,
formas inamovibles
y fugaces

en un bogar sin retorno
hacia los márgenes
de la nada.

ECO

Si esta efímera sombra
no ocupase la ingravidez terrena,
el ser elevaría sus cantos
más allá de la luna
y en las exaltadas
voces azules
se oiría de nuevo
el llamado de los astros

De la piedra
emergería por fin
el enigma de la vida,
confines develarían su falta,
la falta a nuestros sueños...

En las proximidades un ritmo,
un aire constante e infinito,
resonaría a la luz de la mirada,
en los umbrales
voraz ardería la llama,
cuerpos arderían en su piel volcánica,
mas la esencia seguiría detrás, abierta,
en el refulgir
a unos ojos atentos,
velando impasible
el crepitar de los faroles
en mitad de la noche.

ABRIL

Torna un rubio e infecundo suelo.
El agua celebra de nuevo
la metamorfosis de una vida;
un aire empolvado y tórrido
se va, vuelve la lluvia
esparciendo barro y lozanía.

Es abril!

Ya entonado se oye el canto de las aves,
sus acordes atraviesan
serranías y valles,
avivando la aurora y la tarde

Ya los ecos continuos del rayo
cruzan pampas -apenas los montes-
allá, a lo lejos, en los confines,
donde se pierde de vista la huella
del camino.

VISIÓN

Acá trunca gramilla
y una lánguida figura
que incólume sostiene
al margen de lo andado.

Entre el espeso ramaje
aves revolotean

De algún lado
gañidos de perro
laceran la amargura.

Arriba
un ave límpida
sobrevuela el infinito,
vista sobre el azul,
oculta entre el celaje.

DETRÁS

Detrás de los claros
siempre hay otra voz, un silencio
revelando el misterio
del animal que nos ronda
y ronda la casa

mas todo viene de nosotros
y en nosotros figura:
contemplar de formas,
un ir y venir,
un añil lejano
disipado en el eco
del estallido inédito,
anteponiéndose al llamado
de este lado de la noche.

AL OTRO LADO

Al otro lado del borde
el tiempo mismo te espera,
zarpar a mar abierto
y estremecer
con las olas.

No temas,
confúndete con la tempestad, naufraga,
pues la calma
habita en lo profundo.

Nada,
aléjate
de la sombra que te asedia
y ábrete al viento
y erige tu mirada
a la cumbre más alta.

Divisa
de cara al crepúsculo
y ancla un sueño allí
sobre unos senos húmedos, espesos
y un estallar de nubes.

Ondea manso
con la superficie convulsa
hasta tornar
al apacible extremo, aquí,
y súmete de nuevo,
de ser posible,
y avanza
hacia otro lado del borde,
más lejano esta vez.

POEMA DE LA HERIDA

Lo desangro y miro
hondo y quieto,
cual relente
sobre baldíos
cauces de desiertos;
lo descoso y deshago
entre utopías y sosiegos,
y
una y otra vez
cierro en versos
sobre la herida mi pecho.

VIDA Y MUERTE

Es tal muerte la vida,
es tal vida la muerte,
cuando se nos aviva
un amor o un dolor,
cortas muertes del alma.

Ah, siento que en vida muero…

De un pecho agonizante
he visto florecer
un alma y a un cuerpo
expandido amustiarse.

No he temido a la muerte,
ella en vida me abraza,
en su infinito ambiente
no hallo desesperanza;
sí, ante ella, tristemente,
sombras de vidas pasan
raudas por el presente,
arrastrando sobre sí
el peso de lo andado.

Si no es así, alguien diga:
¿Dónde muere la vida?
¿Dónde nace la muerte?

ÉXTASIS

Desde el balcón
la noche arcana me envuelve,
tendido su límpido velo
sobre la viña.

Únome rendido
al festín de los Dioses,
en devoción al anhelo
y lo agrio
contenido del día.

Absorbo de a poco el vino
agitado de mi copa
-fruición noctívaga-
mientras ella
imperturbable desciende
y fluye
en el entreabrir de mis labios.

TRÁNSITO

Recorro el día, llanos atajos…
De allí breves vacíos de nubes
descienden; apenas las montañas,
desde el confín,
muestran sus contornos
y los árboles

Busco entonces abrigo
donde la luz del día no llega,
la luz agota

De mí también un vacío surge,
mas en él no hallo amparo, él ampara
a quien de la luz escapa.

BANDADA DE SUEÑOS

A mi Padre

Una bandada de aves agitada
como celaje atraviesa el camino,
pasa en cadencia con un viento fino
que acompaña la clara madrugada.

En pintoresco cielo, engalanada,
cerca revolotea sin su trino,
por donde libre traza el peregrino
su esperanza de azul desdibujada.

En el cielo se mira como estratos,
sobre las aguas parece de espuma,
y bajo la noche estrellas viajeras

irradiando la lobreguez a ratos,
y si la visión se abre entre la bruma
elevada se viste de quimeras.

FRENTE AL DESTELLO

Al maestro Silvio Orta Cabrera

En la ceniza un humillo aún resta,
lo que fue un instante abrasador fuego.
Mi pensamiento, en deslumbrado apego
a la flama, ignoró la noche puesta.

Frente al destello no encontré respuesta,
a la forma nebulosa de mi ego,
y en ello la pasé, sabiendo luego
que sombra suelta donde luz atesta.

Refugiado al fuego entregué mis penas,
buscando en él cuanto penumbra ampara,
mas supe que en la luz no está la cumbre

ni denuncia lo que la noche aclara,
la oscuridad destruye las cadenas
al fondo de su vana incertidumbre.

UMBRAL

En este vacío de sombras
y fulgor, vaivenes,
resurgir de tempos hilvanados,
el silencio y la quietud
son todo;
en el descubrir de la mirada,
el umbral que somos.

LUNA

Es como ojal
que hila las ansias

Cuántas suturas
en el pecho!

Acechado,
acecho

El manantial enjuga el llanto
y lo torna escarcha
sobre ramaje seco.

AMOR DE LUNA LLENA

Ah, sutil luz, que entre sombras desciendes,
hasta brillar con el paso profundo,
sé que no más luminosa te extiendes
para mostrarme que en tus brazos me hundo.

La leche nocturna moja mi suerte
y a todo lo que en silencio reclamas.
No he dejado de sentir que me llamas
bajo el misterio que la noche advierte.

Aquí estoy, luna, frente a tu silueta,
adornando quimeras y desvelos,
pues no hay mayor quietud para un poeta
que mirarse en el fondo de sus duelos.

LLUVIA

Hay de silencio en la lluvia,
en todas,
hay de esperanza
en su violenta caída,
en su turbio trayecto

El chasquido del zinc
de la vieja casa
articula su término
discurrente…

¿De qué lugar vendrá?,
¿Dónde verterá su sorbo?

Todo entre tanto
aguarda su arribo
y calla,
tan solo para oír
su altivez oceánica,
pero incluso el alma
no sabe de palabras
ni de llantos,
ni de aciertos.

LUZ Y SOMBRA

Somos espacio
entre luz y sombra,
trashumantes
cuerpos en llamas

El búho ulula
mientras se aguarda
-puede oírse-
mas no se sabe
de cuál rama
emerge de pronto
su agitar alado

El día, sin embargo,
abrirá sus hojas
y henderá la noche
por el tragaluz,
pues al dormir,
dentro ha de latir
el deseo mismo
de despertar.

NO TEMAN

No teman a la noche,
no teman a su vigilia omnímoda
que se oculta
tras cuerpos retintos

No teman al letargo de las ramas,
a su ruido incauto, desmedido,
súbito agitar entre las formas;
al velado distinguir de su fondo
entre sendas desvanecidas
y despuntar de vacíos.

La noche es un llamado al ensueño,
férvido,
desertor de lejanas murallas,
imperturbables,
incluso al quimérico apalabrar de los astros;
el cese del restallar de la llama,
ardiente, a plena luz
sobre las sombras.

MÍA, NOCHE

Mía, noche acechada,
de relente posado
en la herida

Mía, noche lejana,
cascada, cerrada,
clemente,
noche de albas límpidas
cual día.

Te llevo mía, noche,
en el presente,
en el despuntar
de la melancolía.

NAVEGANTE

Fijo,
en armonía, envuelto
en la premura del día,
bate sus alas el unicornio
entre bosques, cautivo;
lejos del mirar encendido
el pensamiento, vivo
entre cumbres y viento.

Navegante,
en horas distendidas
halla ante el reflejo de las aguas
llanto y risa,
retornando
entre olas de un abismo.

Fijo,
viendo el derredor pasar;
erguidas alas y pie deshecho,
uno a uno sus sueños
sueltas con voz de mar.

Ah, huellas
de estela y sombra, de alma
inflada de memoria,
de nubes y torrente,
esparce a la visión la sutil gloria!

Sobre el azul celeste,
donde abrigan raudas formas
las nubes,
donde las aves
del viento toman
de libertad fragmentos,
vestigios en el horizonte asoman.

Navegante,
desde la permanencia enhebra
la extensión de Neptuno
y las ninfas, la viña
embriagante de las noches, y afronta
bajo el clamor del silencio
cuando el alma celebra.

APREMIO

Un presente llama

Afuera
solo levedad
invade los patios

Del tragaluz
refulgir apenas de memorias
y entreabrir de miradas
desciende,
en las ventanas
raudo arribar de un pretérito
despojado en cada fotografía.

Acucia un presente
en este ahora
de sombras,
de aparente agitación y ruido,
donde la fragilidad es todo,
el anhelo es todo,
e imperante
el silencio ocupa
más allá del clamor, situándonos
entre un hubo de ser
y será.

AL BORDE

Entre ambos lados
un confluir

-columbra la mirada-

el celeste, la mar,
contornos y confines
enfrente

siempre detrás
un habitar de sombras,
extravíos,
un ausente estar.

"La poesía nacida para goce del poeta es excelsa,
mas la poesía nacida y esparcida para goce del mundo
lo es aún más"

César H. Delgado

Sean bienvenidos a la casa,
al habitar en ella
y su habitar en nosotros;
al convivir en su centro,
pasillos, esquinas,
techumbres y jardines,
al lugar más ignoto, incluso,
que también vive.

LA CASA

Por esta misma casa
pasan mis amigos,
también los que no lo son,
incluso los que en su razón
no saben de ella.

Nunca se sabe
de la permanencia aquí,
de los sueños
que se han de amparar
y los que no.

Se ha de ver desde acá
la casa de enfrente,
la de un lado
y otro,
la del fondo;
el horizonte remoto
que de la mar entera
cuando el silencio ocupa
ha de columbrar
a través de las rendijas.

Y aunque su habitar
y el nuestro
perduren en la memoria,
jamás se sabe enteramente
lo que el tiempo
ha de atesorar
en las esquinas.

EL HABITAR DE LA CASA

Vive de la casa
un habitar en nosotros,
eventualmente
cuando atravesamos sus bordes
y partimos

Pues ella
en sus amplios
pasillos y enseres,
paredes y cubiertas,
pórticos, jardines,
se ausenta
cuando no estamos;
la invaden estelas
de voces y vestigios.
El duende que circunda
al permanecer allí
se ha de ocultar
en los rincones…

Mas, al regresar a ella,
al abrir la puerta
que da al interior,
con nosotros irrumpe
la luz de afuera,
y lo acogido
en sus ángulos
y sombras
nos da la bienvenida.

MI CASA

Tal vez no sea mi casa
como las demás

Hay en ella
una puerta principal,
nunca abierta;
la que da al fondo,
siempre entrecerrada,
induce a entrar;
no hay claraboyas
ni ventanas
en sus muros.

Extraños, conocidos,
atraídos transitan
rara vez sus contornos,
y desde la puerta
de atrás
distinguen su centro…
y sin desentrañar indivisos
lo visto dentro
cautos abandonan
sus recónditos recintos
y regresan.

LA OTRA CASA

Se ha de irrumpir la casa,
no la nuestra,
y no solo
quien su centro habita
sale al encuentro

Distintivo olor
emerge de paredes
y sombras,
señales ocupan
sus ropajes y rincones

Todo en ella atrae,
oculta,
mientras se está,
y al dejar sus recintos
se han de llevar consigo
memorias
casi siempre imborrables
de su hallazgo.

AL HABITAR LA CASA

Al habitar la casa,
se aprende a cruzar
la calle de enfrente
y las que siguen
incontables veces,
hasta el término del ser
quizá;
ausentarse con ella
mientras no se está
y viceversa.
Recorrer ávidamente
pasillos y jardines,
cercanías- siempre iguales-
coexistir con el tiempo
retenido
en baúles y aposentos
(insondables e invisibles
espacios, siempre ignotos)
aun se aprende a concordar
con su generosa estancia
que vela intacta
la propia vida.

DE NIÑO LA CASA

No hay un instante
de la niñez
que no conserve la casa
en algún espacio
de su interior,
cuando se nace en ella.

Se apilan allí
memorias
sobre muros y recovecos,
tapias, techumbres,
siempre latentes...

Nunca se ha de mudar
de ella,
aunque se abandonen
sus perímetros
y se residan otros,
su abrigar
nos ha de seguir
hasta el final de cada paso;
siempre aquel primer llanto,
balbucear, caminar,
sin cesar
habrá de quedar
en su estar
y el nuestro.

LAS MIL CASAS

Tanto se deambula la casa,
sus extremos
y centro,
el tiempo justo,
y sólo en su estancia principal
se hallan mil más
habitando la carne, los sueños,
cada noche
consumiendo hasta el polvo
que habrá de quedar.

Allí cada ocasión
es un ocupar
distinto
--nunca como el de anoche
o el de la noche que vendrá--
y es tal lo vivido en ella
que en su morar, incluso,
ni el más leve pestañar
por alto pasa.

OCUPAR LA CASA

Ocupar la casa
nos aproxima a la mar,
sin llegar a ella.

Corroe la carne, el alma,
cada instante,
entre sollozos furtivos
y sombras;
alberga sueños
en los patios,
apila el silencio
en los rincones
y el ruido de la calle
poco a poco
gira con el viento,
luego de topar
con los cristales

Abre las puertas
mientras se está dentro,
en su centro,
mas, si se está fuera,
lejos de su morar,
han de penetrar apenas
finos destellos de luz
por las ranuras.

PARA LLEGAR A LA CASA

Para llegar a la casa,
luego de un breve alejar,
se avanza unos cuantos pasos
por la calle, deshabitada

Se han de topar
muchas casas a los lados,
en filas todas
- una adosada a la otra,
como formando un muro -
no solo de esta,
sino en la calle contigua
y la que sigue

No existe morar alguno,
camino, vereda,
abismo,
que no conduzcan a ella,
cualquiera, o a miles,
lejanas, cercanas,
siempre su habitar
habrá de converger
en el nuestro.

DESDE AFUERA LA CASA

La casa es austera,
sobre ella se hospeda
en destellos el día
y del tiempo
sombras residen

Amplios pasillos
y profusos jardines
le circundan.
Un balcón
con vista al mar
y más allá,
donde azules se entremezclan
con un azul de ensueño.

Cada año emigran las aves
provenientes del sur
y cruzan su centro,
de vez en cuando alguna
presta desciende
hasta los árboles;
ligeras formas
cubren de vacío
su faz,
y fragmentos de luz,
desvelados,
observan sus noches, desde arriba.

Este libro se publicó
en el mes de octubre de 2020,
por Editorial Giraluna
Venezuela

www.ingramcontent.com/pod-product-compliance
Lightning Source LLC
LaVergne TN
LVHW010459160826
845677LV00012B/2561

* 9 7 8 9 8 0 7 2 5 7 8 3 1 *